REVUE
ARCHÉOLOGIQUE

OU RECUEIL
DE DOCUMENTS ET DE MÉMOIRES

RELATIFS A L'ÉTUDE DES MONUMENTS ET A LA PHILOLOGIE
DE L'ANTIQUITÉ ET DU MOYEN AGE

PUBLIÉ PAR LES PRINCIPAUX ARCHÉOLOGUES
FRANÇAIS ET ÉTRANGERS

ET ACCOMPAGNÉ
DE PLANCHES GRAVÉES D'APRÈS LES MONUMENTS ORIGINAUX

EXTRAIT

PARIS
A. LELEUX, LIBRAIRE-ÉDITEUR
RUE PIERRE-SARRAZIN, 9

1846

DES

NOTATIONS SCIENTIFIQUES

A L'ÉCOLE D'ALEXANDRIE

Par A.-J.-H. VINCENT

(Extrait de la *Revue Archéologique*, du 15 janvier 1846.)

DE L'IMPRIMERIE DE CRAPELET,
RUE DE VAUGIRARD, 9.

DES
NOTATIONS SCIENTIFIQUES
A L'ÉCOLE D'ALEXANDRIE.

> .... Alterius sic
> Altera poscit opem res, et conjurat amice.

Au nombre des objets les plus curieux que présente à notre étude le vaste tableau de l'école d'Alexandrie, se trouvent sans aucun doute les systèmes de Notations scientifiques qui y furent employés; mais cet objet est aussi l'un des moins connus et des plus obscurs, par suite du caractère essentiellement symbolique que devaient nécessairement lui faire revêtir, et sa nature spéciale, et l'esprit général de l'école.

Nous croyons donc faire une chose utile en publiant dans cette Revue le résultat de nos recherches sur ces deux classes de notations, savoir : les *Signes numériques* et les *Notes musicales*, notations dont la première surtout nous paraît devoir jeter un grand jour sur l'histoire de notre Arithmétique.

PREMIÈRE PARTIE.

SIGNES NUMÉRIQUES.

Le point de départ de cette recherche sera un fragment du pythagoricien Modératus (1), conservé par Porphyre dans sa Vie de Pythagore (p. 46, Amst. 1707), d'où il résulte que *l'Arithmétique des Pythagoriciens* se composait d'un *système de signes hiéroglyphiques par lequel,* suivant ce philosophe, *ils avaient exprimé les idées sur l'essence des choses* (2). Or, si nous rapprochons de ce passage celui où Boëce (*Géom.*, l. I) attribue l'invention des chiffres aux pythagoriciens, puis deux autres que nous lisons dans la *Métaphysique* d'Aristote, et où il est dit : 1° que, chez une certaine secte de philosophes, *les idées et les nombres* étaient *de même nature* : Ἔνιοι δὲ τὰ μὲν εἴδη καὶ

---

(1) Il vivait sous Néron.
(2) Cf. Meiners, *Histoire des sciences en Grèce*, tome I, p. 209, traduction de Lavaux.

τοὺς ἀριθμοὺς τὴν αὐτὴν ἔχειν φασὶ φύσιν (Arist. *Métaph.* VII, 11); et 2° que ces idées et ces nombres allaient *jusqu'à* DIX : μέχρι τῆς δεκάδος ὁ ἀριθμός (*Id.* XIII, VIII), il ne sera plus guère permis de douter que, sans le savoir, nous ne soyons véritablement en possession de ce système d'hiéroglyphes dans lequel on avait prétendu renfermer les propriétés occultes des nombres. C'est ce que nous tâcherons de faire voir par les développements dans lesquels nous allons entrer.

Observons d'abord que, suivant toutes les probabilités, *nos chiffres actuels*, qui ne sont pas, quoi qu'on en dise, les véritables chiffres arabes, *dérivent des* APICES *de Boëce*; il suffit, en effet, de renverser (1) la série qui présente ces derniers caractères dans un manuscrit de la bibliothèque de Chartres, d'où M. Chasles les a extraits (*Aperçu historique de l'origine des méthodes en Géométrie*, etc. p. 467 et suiv.), pour y reconnaître immédiatement presque tous ceux dont nous faisons actuellement usage.

On peut en juger par le tableau suivant, dans lequel je fais entrer en même temps les noms modernes de nos chiffres, c'est-à-dire les nombres qu'ils représentent, et les noms qu'ils portent dans les manuscrits de Boëce.

Un.	Deux.	Trois.	Quatre.	Cinq.	Six.	Sept.	Huit.	Neuf.	Zéro.
I	ፘ	℔	B	Ч	⌐	Λ	8	σ	@
Igin.	*Andras.*	*Ormis.*	*Arbas.*	*Quimas.*	*Caltis.*	*Zenis.*	*Temenias.*	*Celentis.*	*Sipos.*

Cela posé, passons en revue chacun de ces caractères avec leurs dénominations respectives; et voyons si effectivement il n'existe pas une relation sensible, évidente même, entre leurs formes et ces dénominations (2).

D'abord, *igin* ne vient-il pas de ἡ γυνή, *fœmina*, ou simplement de γυνή, auquel se sera réuni l'*apice* ou *chiffre* I que l'on aura pris plus tard pour la lettre I ?

Ensuite, si le mot *igin* vient de γυνή, *andras* pourrait-il ne pas provenir de ἀνήρ, ἀνδρός, *vir?* Nous voyons, en effet, dans les Θεολογούμενα τῆς ἀριθμητικῆς, que les pythagoriciens attribuaient au nombre 2 le *courage viril* : εἴκαζον αὐτὴν [τὴν δυάδα] ἐν ἀρεταῖς ἀνδρεία (*Theol.* p. 7, éd. Ast.).

(1) Dans les manuscrits où les chiffres sont disposés horizontalement, ils le sont généralement de droite à gauche.

(2) On trouvera le résultat de mes premières recherches sur ce sujet dans le *Journal de Mathématiques* de M. Liouville (tome IV, p. 261, juin 1839). Voir en outre sur le même travail, un rapport présenté à l'Académie royale de Metz, le 26 avril 1840, par M. Gerson-Lévy, et un compte rendu de ce rapport dans les *Archives israélites de France* (déc. 1840), par M. Terquem.

Maintenant, que *igin* et *andras* soient le *cteis* et le *phallus*, et il sera difficile de ne pas reconnaître leur réunion dans la figure qui correspond à *ormis*, mot vraisemblablement dérivé lui-même de ὁρμή, *saltus*.

Ainsi, dans le système qui a donné naissance à ces dénominations, si l'on ne peut se refuser à y voir une intention symbolique, *l'unité est la mère*, la *matrice* de tous les nombres, et *le deux* en est le *père* (1) : en effet, aucun nombre ne peut être produit sans passer par *un* et *deux*, sans que la monade ne soit fécondée par la *dyade* ; la *triade* est le résultat de leur première copulation.

Le mot *arbas*, *quatre*, provient, suivant toute vraisemblance, de l'hébreu *arbah*, ארבע : c'est, du moins, le sentiment du savant Huet. Quant au chiffre lui-même, il présente, dans les manuscrits, bien des variétés, ⌐B, ↺, ⁊. (2). Toutefois, en rapprochant et comparant ces diverses formes, on ne saurait méconnaître l'intention générale d'y figurer un *crochet*, une *clef*, symbole qui s'adapte parfaitement à la dénomination de *porte-clef de la nature*, κλειδοῦχος τῆς φύσεως, dénomination que, d'après Photius, les pythagoriciens donnaient au *quaternaire*. D'un autre côté, la fameuse *croix ansée* des divinités égyptiennes prend quelquefois, par suite de la position inclinée de sa boucle ou de son anneau, une forme qui se rapproche assez de notre chiffre 4 actuel, pour qu'il ne soit pas sans exemple que l'on ait confondu les deux figures (3). Mais la croix ansée ne représente-t-elle pas aussi une clef, savoir : la *clef de la vie divine, de la vie future*, ζωῆς ἐπερχομένης? C'est une interprétation qui, je le pense, n'est nullement en désaccord avec l'état de nos connaissances sur la valeur de cet emblème (4). La forme du 4 se trouve donc ainsi expliquée d'une manière qui doit paraître satisfaisante.

(1) Cette idée de donner au principe femelle la prééminence sur le principe mâle paraîtrait un emprunt fait à l'Orient par quelque secte gnostique.
(2) Cf. le Cours de Paléographie publié par M. Natalis de Wailly.
(3) Dans un Mémoire *Sur l'origine et la signification de la croix ansée* lu à l'Académie des inscriptions et belles-lettres, le 26 janvier 1844, M. Lajard était parvenu, sans connaître mon travail, à la même conclusion sur l'analogie qui paraît exister entre cet emblème et le quaternaire : je me félicite vivement de m'être rencontré avec ce savant archéologue (V. *Ann. de l'Inst. archéol.*, t. XVII, p. 36).
(4) Conf. Guigniaut, trad. de la *Symbolique* de Creutzer (tome I, p. 958), et Létronne, *De la croix ansée* (p. 24). — Cette opinion, que la croix ansée n'est autre chose qu'une véritable *clef*, a été soutenue par Mongez, d'après Caylus, dans le Dictionnaire d'antiquités de l'Encyclopédie méthodique, article *Clef*, et appuyée par lui de raisons qui me paraissent sans réplique.
La forme de cet emblème n'est-elle point d'ailleurs exactement, sauf l'anneau qui est remplacé par un cercle plein, celle du petit levier, de la bascule, que l'on adapte au loquet ordinaire de nos portes?

Afin de pouvoir pousser plus loin cette recherche, je mentionnerai ici un passage important du commentaire d'Olympiodore sur le Phédon (1), où il est dit que l'on distinguait spécialement *deux triades d'idées* : d'une part *le bon, le juste, le beau* ; de l'autre, *la grandeur, la santé, la force* (2). Or, il me paraît que ce sont ces deux triades d'idées que l'on a voulu symboliser dans les nombres restants, de telle façon que *le juste* correspondît au 5, *le beau* au 6, *la grandeur* au 7, *la santé* au 8, et *la force* au 9. Quant au *bon*, il correspondrait au 4 ; mais celui-ci étant déjà, pour une raison majeure, identifié au quaternaire, comme on l'a vu, il ne reste plus à considérer que les cinq autres, à commencer par le 5.

Or, « Si l'on écrit sur une ligne, disent les Θεολογούμενα τῆς « ἀριθμητικῆς (p. 28), la progression des neuf premiers nombres

$$1 . 2 . 3 . 4 . 5 . 6 . 7 . 8 . 9,$$

« le 5 occupera le milieu de la ligne, en même temps qu'il sera le « terme moyen de la progression [c'est-à-dire la neuvième partie de « la somme totale] ; de sorte que, si l'on compare la série des neuf « nombres au fléau d'une balance en équilibre, le 5, continue l'au-« teur grec, sera justement le point de suspension. De là vient qu'il « a reçu le nom de *justice*, Νέμεσις, δίκη, δικαιοσύνη (3). »

C'en est assez, je pense, pour que l'intention de figurer par le chiffre 5, sous sa forme antique Ч, la potence qui supporte le fléau d'une balance, ne puisse être douteuse pour personne, même quand Photius n'ajouterait pas aux dénominations précédentes celle d'ἀτά-λαντα, *équilibre*.

Quant au nom de ce chiffre, *quimas*, il est évident que ce n'est encore, conformément au sentiment d'Huet, que le mot hébreu *chamesch*, חמש :

<small>Significat quinos ficto de nomine Quimas,</small>

dit la légende qui accompagne ces chiffres dans les manuscrits.

Passons au nombre *six*, nommé *caltis* dans le manuscrit de Chartres, et *chalcus* dans le manuscrit d'Arundel n° 343, du *British Mu-*

---

(1) Ms. 1824, fol. 16. — Cf. aussi un article de M. Cousin, dans le *Journal des Savants* pour 1834, p. 432.

(2) Il est impossible de méconnaître les relations qui existent entre toute cette théorie et celle des dix *séphiroth* ou numérations de la kabbale, lesquelles se groupent aussi par *triades* ou *trinités* (Frank, *la Kabbale*, II° partie, ch. III).

(3) Cf. Jambl. sur Nicom. p. 20 et 21.

seum; cette dernière leçon est certainement la véritable (1), et je lui donne pour origine le grec χαλκοῦς : on va en voir la raison.

Les anciens, suivis en cela par les modernes, considéraient comme parfait, τέλειος, tout *nombre égal à la somme de ses diviseurs* (Euclide, liv. VII, défin. 22; Vitruve, III, 1). Or, le nombre *six* est le premier ou le plus petit de ceux qui présentent cette particularité : ses diviseurs exacts sont 1, 2, 3, dont la somme fait bien 6. Mais le χαλκοῦς, unité de poids chez les Grecs, était, pour cette raison, un emblème naturel de la *perfection* ou de la *beauté*, suivant les pythagoriciens, et conformément à ces paroles du sage : « Omnia in mensura et numero et pondere perfecisti » (*Sap.* XI, 21). D'ailleurs, cette manière de voir se trouve pleinement confirmée par deux passages, l'un de Cassiodore, l'autre de Pollux : « Le *sénaire* ou nombre « *six*, dit le premier (Var. liv. I, Ép. x), que la docte antiquité a, « non sans raison, déclaré nombre parfait, a été appelé ONCE, *uncia*, « parce que l'once est le premier degré de la mesure. » Puis : « Le « mot *once*, οὐγγία, dit Pollux (liv. IX, chap. vi), est un mot « sicule qui a pour synonyme dans la langue grecque, le mot *chalcus*, χαλκοῦς. » L'interprétation de ce dernier mot et son application au nombre *six* comme symbole de la *perfection* et de la *beauté*, sont donc complétement justifiés (2) :

Sexta tenet Calcis (Chalcus) perfecto munere gaudens.

Quant à la forme du chiffre, elle se compose de deux parties essentielles, I et ◻, que l'on trouve ordinairement réunies dans les manuscrits en un seul trait cursif et continu, de différentes manières ⌐, ⌐, mais aussi quelquefois, dans des manuscrits très-anciens, séparées (3) en cette façon I◻; et je crois que l'intention des inventeurs a été de représenter ainsi *la mesure et le poids* : « in mensura et pondere omnia perfecisti. »

Continuons : *zenis*, qu'il faut, selon Huet, lire *zevis*, ou mieux *zebis*, n'est encore que l'hébreu *schiba*, שבע, *sept*; mais, quant au chiffre Λ, qui doit, en suivant le passage d'Olympiodore, symbo-

---

(1) M. Jomard a adopté la même correction dans un Mémoire qu'il a lu à l'Académie des Inscriptions pendant les mois d'août et de septembre 1842.

(2) On trouve *termas* dans certains manuscrits (Halliwell, *Two essays*, etc., page 6). Ce mot présentera le même sens de perfection si on le fait venir de τέρμα, *limite*, comme nous employons le mot *fini* dans le sens de *parfait*.

(3) Je renvoie, pour ces détails sur les variétés que présente la forme des chiffres, à l'Histoire de l'Arithmétique dont M. Chasles s'occupe en ce moment; c'est à cet honorable savant que j'en suis redevable.

liser la *grandeur*, ne représente-t-il pas le *compas*, καρκίνος, ainsi nommé sans doute à cause de la marche oblique qu'on lui imprime pour mesurer une suite de longueurs égales sur une même direction?

Nous en sommes à *temenias*, mot remplacé par *zementas* dans le manuscrit d'Arundel. Le premier de ces deux mots vient directement du chaldéen תמניא, *temania*, et le second de l'hébreu שמנה, *schemonah*, dont tous les autres dérivent : c'est le nom du *huit*. Pour ce nombre, les triades d'Olympiodore nous donnent la santé, ὑγίεια, source de bonheur :

<blockquote>Octo beatificos Temenias exprimit unus.</blockquote>

Or, dans la forme du caractère, n'est-il pas raisonnable de voir en conséquence le *serpent*, attribut d'*Esculape* et d'*Hygie*? et ne serait-ce pas pour cette raison aussi que le nombre *huit* aurait reçu des pythagoriciens, comme le témoigne Photius, le surnom de Καδμεία, par allusion à Cadmus changé en serpent?

Maintenant, le *neuf* doit représenter la force et la puissance. Cette destination, en effet, se trouve parfaitement remplie par la forme ithyphalle que lui donne le manuscrit. Quant à son nom *celentis*, il est naturel de le faire dériver de ἀθήλυντος (1), *ineffœminatus*, *virilis*, dénomination que les anciens pythagoriciens attribuaient au quaternaire, et qui se trouve aussi convenablement appliquée au nombre *neuf*, carré ou *puissance*, δύναμις, du nombre *trois* que nous avons reconnu comme étant le premier produit engendré par la monade et la dyade.

Enfin, nous arrivons au *zéro* :

<blockquote>Hinc sequitur Sipos (2) est qui rota namque vocatur.</blockquote>

(1) On ne s'étonnera sans doute pas de voir la voyelle initiale disparaître d'un mot qui a dû passer successivement du grec en hébreu et de l'hébreu en latin. Au reste, le système des dénominations dont il est question ici a subi bien d'autres transformations : M. Munk les a retrouvées écrites en caractères hébraïques dans le manuscrit 189 du fonds de l'Oratoire ; mais elles y sont évidemment transcrites du latin, et tellement défigurées d'ailleurs, que le mot ארבע, par exemple, est changé en ארבאש, חמש en כימאש, שבע en וימיש, שמנה en זימניאש ; et ainsi des autres. Il arrive ici à peu près la même chose que pour la *Métaphysique d'Aristote*, qui passa d'abord du grec en syriaque, hébreu, arménien, ou latin ; puis de ces langues en arabe ; puis derechef de l'arabe en hébreu, arménien, ou latin (*Voyez* Pierron et Zévort, *Traduction de la Métaphysique d'Aristote*, p. cxxviii ; et Jourdain, *Recherches sur les traductions latines d'Aristote*, passim).

(2) C'est peut-être *siphos*, de סף *vase*, d'où σιφνός ou σιφλός, *vide*, σίφων, *tube*, *pompe*.

Ce chiffre est-il aussi ancien que les autres? La négative n'est pas douteuse, bien que le vide, τὸ κενόν, figure déjà dans Aristote (*Métaph.* XIII, VIII) parmi les productions des dix premiers nombres. En effet, on n'eut aucun besoin du zéro tant que les calculs s'exécutèrent au moyen de l'*abacus* (1), tableau couvert de poussière que l'on préparait à l'avance en y traçant des lignes :

> Abaco numeros et secto in pulvere metas
> (Perse, I, v. 131);

ce n'est que quand on reconnut la possibilité de supprimer ce tableau préparé à l'avance, et la facilité de calculer de même sur toute espèce de surface, que l'on se trouva conduit à inventer un caractère de plus pour tenir lieu des places vides de l'*abacus*. On employa d'abord, soit un petit carré pour figurer la case vide, soit un simple *point* comme on le voit dans Alséphadi; mais, à la place de ce carré ou de ce point, on se vit bientôt amené à adopter un signe plus simple ou plus saillant; et le cercle vide se présenta assez naturellement : « Quod [punc-« tum] ut magis appareret, dit Huet, insigniusque fieret et crassius, « circumducto in circulum calamo spatium inane properantia primum « deinde consuetudine relictum est ». Ce cercle fut nommé, par les uns, *sipos*, *rota*, *galgal*, גלגל (2); par les autres, *tsiphra* (צפר, couronne ou *diadème*) ou *ciphra* (de ספר, *numération*); mais le mot *ciphra* étant venu à perdre sa signification spéciale pour en acquérir une générique, c'est-à-dire le mot *chiffre* ayant fini par être employé à représenter chacun des neuf nombres indistinctement, on lui substitua

---

(1) Suivant Étienne Guichart (*Harmonie des langues*), *abacus* vient de *abaq*, אבק, *poussière*, comme semble le confirmer un passage du Talmud (*Traité du Schabath*, ch. *Haboneh*, p. 104 de l'édition in-fol.), passage que m'a communiqué M. le docteur Terquem, et où il est dit : « Celui qui écrit avec son doigt sur l'*abaq* « des savants et sur l'*abaq* des chemins, etc. » Cf. Lambert-Bos, *Animadv.*, p. 76 ; et *Journ. des Sav.*, 1839, p. 643, un article de M. Naudet, sur la traduction d'*Apulée* par M. Bétolaud.

Il n'est pas douteux que la véritable *Table de Pythagore*, *mensa pythagorica*, ne soit l'*abacus*, et non le *tableau des multiples*, auquel nous donnons à tort le nom qui convient à l'*abacus*. Le *tableau des multiples*, c'est-à-dire notre *table de multiplication*, se trouve dans l'*Arithmétique de Nicomaque* (p. 96); et cet auteur n'eût pas manqué, lui pythagoricien, d'en faire honneur à son maître, si c'eût été là la fameuse table de Pythagore ; or, il ne dit rien de semblable.

(2) Les Juifs font le zéro de cette manière ט ; et, quand plusieurs zéros sont de suite, ils les lient ainsi par un trait continu : טטטט. — *Le galgal est comme la paille poussée par le vent*, dit Ibn-Esra dans son traité d'arithmétique, intitulé *Sepher Hamispar* (manuscrit hébreu de la Bibliothèque royale, n° 449. — *V.* une Notice sur ce manuscrit, par M. le docteur Terquem, dans le *Journal de Mathématiques* de M. Liouville, t. VI).

alors, dans sa signification spéciale, le synonyme *zéro* (de זר, *zer*, *cercle, auréole, couronne*) (1).

Il me paraît vraisemblable et conforme à l'histoire, que le mot *algorismus*, usité au moyen âge pour désigner notre système d'arithmétique, et introduit dans la langue à peu près à la même époque où le *zéro* a commencé à être employé, fut inventé pour caractériser ce passage du calcul sur l'abacus au calcul sur la membrane, de עור, *ghor, membrane, parchemin* (2).

CONCLUSION ET RÉSUMÉ DE CETTE PREMIÈRE PARTIE.

1° Notre système d'arithmétique dérive de celui des Grecs, réduit toutefois à l'emploi de neuf caractères symboliques.

2° Cette importante transformation du système grec paraît s'être opérée à une époque voisine du commencement de notre ère, si ce n'est à l'école même d'Alexandrie, du moins sous l'influence des doctrines qui y florissaient, et vraisemblablement au moyen d'éléments plus anciens empruntés à l'Orient.

3° Le nouveau système dut prendre bientôt faveur, particulièrement auprès des juifs hellénisants et des rabbins qui ne pouvaient manquer d'apprécier ses avantages pratiques, ainsi qu'auprès des gnostiques et des kabbalistes dont il flattait les spéculations (3); et c'est par leur moyen qu'il se propagea dans les écoles de l'Occident, où toutefois il ne reçut que des développements bornés.

4° D'un autre côté, il fut colporté, à l'aide des relations commerciales, surtout par les marchands et les médecins juifs, en Orient et principalement dans l'Inde; et c'est là que les Arabes le trouvant établi, lui donnèrent le nom de *système indien*, de même qu'en Occident, le vulgaire, voyant l'usage des chiffres généralement adopté parmi eux, imposa à ces caractères la qualification de *chiffres arabes*.

(1) M. de Paravey (*Essai sur l'origine des chiffres*, etc., p. 105) fait venir ces mots de l'arabe *tsiphron-zéron*, c'est-à-dire *tout à fait vide*. — Notons encore que la première des dix *séphiroth* porte un nom, *keter*, כתר, qui signifie également *couronne*, et qui n'est vraisemblablement pas sans analogie avec l'étymologie que nous avons attribuée au mot *zéro* (Cf. Duret, *Trésor des langues*, p. 180).

(2) Quant à la particule *al*, nous avons, pour en justifier l'addition, l'exemple du mot *almageste*.

(3) Cela explique le caractère de la nomenclature des chiffres, mi-partie d'hébreu et de grec corrompu.

Ajoutons que les dénominations hébraïques représentent littéralement les nombres, tandis que les autres seules sont de nature symbolique.

Au surplus, « pythagoriciens et cabalistes, dit Reuchlin (*De arte cabalistica*, liv. III), sont tous gens de même farine. »

Système Général de la notation Pythagoricienne

Notation instrumentale de Pythagore, comparée aux signes célestes des Planètes.

5° L'emploi n'en devint universel en Occident qu'après l'invasion des Arabes et sous l'influence de leur domination.

6° Enfin, l'invention du zéro marque une phase distincte dans l'histoire de l'Arithmétique; elle est postérieure à celle des autres chiffres; elle caractérise le passage du système de l'Abacus à celui de l'Algorithme, du calcul sur le *tableau* au calcul sur la *membrane*.

(*Voyez* le Mémoire de M. Letronne *Sur l'origine grecque des zodiaques prétendus égyptiens*, Revue des Deux-Mondes, 15 août 1837; du même auteur, les *Observations critiques sur l'objet des représentations zodiacales*, Paris, 1824; — de M. Reinaud, *Mémoire historique sur l'Inde*, août 1845; — enfin, conférez les *Notices et extraits des manuscrits*, etc., t. XVI, 2ᵉ part., p. 143 et suiv.).

SECONDE PARTIE.

NOTES MUSICALES.

Les notes musicales dont il est ici question sont celles qui composent la notation dite *pythagoricienne* (1), par opposition à une autre plus ancienne par quarts de ton, dont parle Aristide Quintilien (p. 15, édit. de Meybaum). Cette notation pythagoricienne est regardée généralement comme étant très-compliquée; Burette (*Anciens Mémoires de l'Acad. des inscr.*, t. V, p. 182), par une exagération inexplicable, la porte à mille six cent vingt notes; et Barthélemy même croyait beaucoup faire en réduisant ce nombre à neuf cent quatre-vingt-dix. Rien, sans aucun doute, n'a plus nui au progrès des études musicales grecques, que l'existence de ce préjugé. Déjà combattu avec succès par Perne (*Revue musicale*, t. III et suiv.), nous espérons qu'il suffira, pour le détruire complètement, d'exposer ici le tableau général de la notation dont il s'agit, tel qu'on le trouve à la page 27 d'Aristide Quintilien (*voir* la fig. 1). On y reconnaît, en effet, d'un seul coup d'œil, que le système total se réduit, en réalité, à soixante-dix paires de notes, les unes, supérieures, destinées aux voix, et consistant dans les lettres de l'alphabet, soit naturelles, soit altérées de diverses manières; les autres, inférieures (2), pour l'usage des instruments, et composées de signes sur lesquels nous reviendrons tout à l'heure. Mais il est bon qu'auparavant nous entrions dans le détail de la composition et de l'emploi de ce tableau.

(1) Πυθαγόρου στοιχεῖα (*Arist. Quint.*, p. 28). — Observons, toutefois, que l'on se tromperait grossièrement en prenant à la lettre cette dénomination.

(2) Meybaum les place à la droite des notes vocales. — Cf. les *Notices des manuscrits*, t. XVI, 2ᵉ part., p. 34 et suiv.

Or, on aperçoit, à la première inspection (et cette remarque est due à Meybaum, *proleg.*, fol.**** 4, recto, ligne 13), que toutes les paires de notes sont disposées par *triades*, de telle façon que, dans la série instrumentale, les trois signes de chaque triade ne sont, à quelques exceptions près, qu'un même signe disposé dans trois situations successives différentes, comme s'il eût *pivoté* sur lui-même en exécutant, pour passer d'une situation à la suivante, un tiers de révolution (1).

Mais, outre cette circonstance, il en est une autre non moins remarquable, complémentaire en quelque sorte de la première, qui ne s'aperçoit plus à la simple inspection, mais que l'on découvre en analysant la notation dans son mode d'emploi. Cette autre propriété consiste dans une disposition secondaire par *ennéades*, disposition d'où il résulte que les intervalles compris entre deux notes successives (notes formées, dans la série vocale, comme nous l'avons dit, des seules lettres de l'alphabet), sont toujours au nombre de *neuf par quarte*; ou, en d'autres termes, que la consonnance fondamentale, *la quarte*, se trouve *divisée en neuf intervalles* compris chacun entre deux notes consécutives (2).

Au premier abord, ce fait paraît bizarre, absurde même, et en contradiction avec les divisions signalées par Aristoxène, Euclide, Ptolémée, et tous les auteurs. Cependant, avec un peu de réflexion, on reconnaît bientôt que la contradiction n'est qu'apparente. D'abord, le *neuvième de la quarte* diffère peu du *quart de ton* qui en est le dixième, et qui représente le plus petit intervalle usité (sauf les *couleurs* ou *nuances* qui distinguent les genres). Ensuite, il n'y a jamais, dans chaque quarte ou dans chaque tétracorde, que deux notes variables ou deux cordes mobiles, les deux intermédiaires. En troisième lieu, on conçoit facilement que les notes du système pythagoricien, au lieu de représenter des sons essentiellement fixes et distants les uns des autres d'intervalles égaux à des neuvièmes de quarte, pouvaient très-bien, devaient même, représenter des sons variables dans certaines limites, dont les degrés exacts d'acuité et de gravité étaient

---

(1) Ce genre de disposition était, à ce qu'il paraît, en très-grande faveur chez les pythagoriciens : on en retrouve un exemple dans le triangle qui termine la prétendue inscription de Cyrène. — Voyez *Lettre à M. Raoul Rochette sur une inscription en caractères phéniciens et grecs récemment découverte à Cyrène*, par H. A. Hamaker, Leyde, 1825. — Cf. aussi les monuments gnostiques.

(2) Cf. une communication que j'ai faite à l'Académie des Inscriptions et Belles-Lettres dans sa séance du 29 juin 1838, et les Procès-verbaux de la Société philomathique, séances des 26 mai et 9 juin 1838 (*V.* le journal *l'Institut*, IIe sect. juillet 1838; et le même journal, 1re sect., etc.).

déterminés *a priori* suivant le *genre* et la *couleur* du genre. C'est ainsi que, dans notre système de musique, soit que l'on adopte ou non le *tempérament*, que l'on exécute dans un *ton* ou dans un autre, la même *note* représente toujours le même degré nominal de l'échelle, bien que ce degré n'ait pas exactement la même intonation lorsqu'on ne tempère pas. De même, dans le système grec, une note suffisait pour chaque corde, quel que fût d'ailleurs le degré de tension de cette corde (1). Les musiciens pouvaient donc, aussi bien dans la théorie que dans la pratique, et tout en adoptant la notation pythagoricienne, continuer, d'une part, à compter les intervalles par *moitiés* et par *quarts* de ton, et, d'une autre, à diviser le tétracorde conformément aux prescriptions de chaque théoricien : il suffisait d'avoir, une fois pour toutes, établi, dans chaque mode, un tableau de comparaison et de synonymie entre l'ancienne notation par quarts de ton et la notation pythagoricienne. Ni les musiciens exécutants, ni même les compositeurs, n'avaient aucun besoin d'être initiés au secret de cette *division nonaire de la quarte*.

Je viens d'employer le mot *secret*, et ce mot exige quelques explications : c'est qu'en effet les auteurs passent entièrement sous silence le genre de division dont il s'agit. Il faut soumettre cette notation à une analyse intime, pour pouvoir parvenir, comme nous allons l'expliquer, à pénétrer cette sorte de mystère; et, s'il est permis de conclure de certains passages d'Aristide Quintilien, que la doctrine musicale comprenait une partie *ésotérique* ou entièrement occulte, ce mode de division *nonaire* était certainement au nombre des théories réservées.

Voici d'abord les passages dont je viens de parler : Λέξω δή, dit Aristide Quintilien (p. 75), τὰ μὲν παλαιοῖς τισιν εἰρημένα, τὰ δὲ εἰσέτι νῦν σιωπηθέντα, οὔτ' ἀγνωσίᾳ τῶν συγγραφέων, οὔτε βασκανίᾳ.... · ἀλλὰ γὰρ τὰ μὲν αὐτοῖς ἐν συγγράμμασι κατετάττετο, τὰ δ' ἀπορρητότερα ταῖς πρὸς ἀλλήλους ὁμιλίαις διεσώζετο. « Dans ce que
« j'aurai à dire se trouvent, il est vrai, des choses déjà expliquées par
« les anciens, mais certes aussi d'autres que les écrivains ont, jus-
« qu'à ce jour, passées sous silence ; non qu'il y eût de leur part igno-
« rance ni mauvaise foi : mais, tandis que certains préceptes se trou-
« vaient consignés par écrit, d'autres, plus obscurs, étaient réservés

---

(1) Il résulte néanmoins de l'inspection des tables d'Alypius, que l'on faisait une distinction entre les genres *pycnés*, chromatique et enharmonique, et le seul genre non pycné, le diatonique ; et peut-être, de cette communauté de notation entre les deux premiers genres, serait-on en droit de conclure qu'à l'époque de l'établissement de la notation pythagoricienne, le genre enharmonique était déjà tombé en désuétude.

« pour les conférences familières (1). » Un autre passage du même auteur est encore plus explicite : ὅπως, dit-il (page 26) ; τὰ κατὰ τὴν μουσικὴν ἀπόρρητα συγκρύπτομεν (lis.. ...ωμεν) εὐκόλως...., « pour « cacher avec facilité les parties mystérieuses de la musique (2)....»

Il n'est donc guère permis, d'après ces passages, de douter qu'il n'y eût, dans le système musical des pythagoriciens, certains points de doctrine qui n'ont pu nous parvenir que sous le voile du mystère.

Quant aux démonstrations de cette proposition, que, dans le système exposé par Aristide Quintilien et les Tables d'Alypius, on comptait en effet, pour *chaque quarte, neuf intervalles* partiels, dont chacun, dans la série vocale, était compris entre deux lettres consécutives de l'alphabet, j'en ai donné plusieurs dans le tome XVI des *Notices* (2ᵉ part., p. 129 et suiv.); mais ces démonstrations sont trop longues pour pouvoir être reproduites ici : au surplus, en voici une fort simple qui peut les remplacer.

Considérons (fig. 1) les notes vocales И, ⏋, C, I, Ʊ, M′, Γ′. Il est d'abord facile de constater qu'entre deux consécutives quelconques de ces notes, il y a neuf intervalles. Par exemple, de I à C, remplissons la lacune : nous aurons, en partant de I, les notes du 11ᵉ ternaire, K, Λ, M ; puis celles du 12ᵉ, N, Ξ, O ; puis enfin celle du 13ᵉ, Π, P, C ; ce qui fait bien neuf intervalles ; et ainsi des autres.

Remarquons maintenant que И représente l'hypate des fondamentales (ou des hypates) du trope hypolydien,

⏋ l'hypate des moyennes (des mèses) de ce même trope,

C la mèse du même trope,

I la mèse du trope lydien,

Ʊ celle du trope hyperlydien, identique à la paramèse du trope hyperphrygien,

(1) Je profite de la circonstance pour faire remarquer une erreur que Meybaum me paraît avoir commise dans l'interprétation de la dernière phrase de ce passage où l'auteur grec a déclaré qu'il allait s'occuper de la versification : Ἀγαπητὸν ἔσται, dit-il, τοῖς μετρίως ἐπιμελέσιν, εἰ βίβλῳ οὐ σαφές τι περιεχούσῃ περιπέσοιεν. — Voici la traduction de Meybaum : « Gratum erit mediocriter studiosis, si vel in librum accu-« rati nihil continentem inciderint. » Celle que je propose est la suivante : « Gra-« tum erit metrorum curiosis (ainsi je lis μέτρων au lieu de μετρίως), si in librum « ignotum quid continentem inciderint ; » c'est-à-dire : « Il sera agréable aux ama-« teurs de mètres de rencontrer un livre contenant quelques notions nouvelles. »

(2) Il semblerait, toutefois, que le sens logique de ce passage exigeât, au lieu de συγκρύπτωμεν, un verbe tel que ἀνακαλύπτωμεν, *dévoiler*, puisqu'en effet l'auteur fait quelques demi-révélations ; mais la conséquence est la même.

M′ la nète des disjointes (diézeugménon) de ce même trope hyperphrygien,

Enfin Γ′ la nète des adjointes (hyperboléon) du même trope.

Or, tous ces intervalles sont des intervalles de quarte, d'où résulte la démonstration annoncée.

Quant aux notes instrumentales, observons, en premier lieu, que la notation attribuée à *Pythagore* ne saurait être l'œuvre de ce philosophe, du moins sous la forme où nous la connaissons dans les tables d'Alypius. De cela il y a plusieurs raisons à donner : d'abord, que le système musical n'avait, de son temps, qu'une étendue très-bornée, puisque c'est à lui, dit l'histoire, que l'on doit la transformation de l'heptacorde en octocorde ; et il ne paraît même pas que, du temps d'Aristote, à en juger par ses problèmes, le système se fût encore beaucoup étendu. C'est seulement sous Aristoxène que le grand système paraît s'être établi, et seulement pour un nombre limité de modes ; et même n'est-il pas bien sûr que le tétracorde *hyperboléon* n'ait pas été ajouté postérieurement. En second lieu, Aristoxène ni Euclide, Nicomaque ni Théon de Smyrne, Ptolémée ni Plutarque, ne font la moindre allusion à la notation qui nous occupe. C'est dans Aristide Quintilien, Gaudence, Bacchius, Porphyre, tous auteurs beaucoup plus modernes, qu'il commence à en être fait mention ; et Aristide Quintilien, en l'exposant, a bien soin de dire qu'elle remplace une notation plus ancienne disposée par moitiés et par quarts de ton. On peut, à ce qu'il nous semble, conclure avec quelque vraisemblance de ces considérations, que l'établissement de la notation dite *pythagoricienne* ne remonte pas bien haut, tout au plus peut-être au siècle qui a précédé notre ère, comme semble l'indiquer la forme de quelques-uns de ses éléments, notamment celle du *sigma* (1) ; que, par conséquent, elle ne saurait être due à Pythagore, et que, suivant toutes les probabilités, elle aura pris naissance, ainsi que la notation arithmétique, parmi les néoplatoniciens ou néopythagoriciens de l'école d'Alexandrie.

Quoi qu'il en soit, nous connaissons, par une foule de passages de Platon, de Nicomaque, de l'auteur du *de Mundo*, de Plutarque, Ptolémée, Aristide Quintilien, Cicéron, Macrobe, Boëce, Pachymère, Psellus, Bryenne, etc., les rapports que les anciens s'efforçaient d'établir entre leur système musical et la prétendue symphonie des

---

(1) Cf. Letronne, *Recherches pour servir à l'Histoire de l'Égypte* (Paris, 1823), p. 184.

corps célestes, qu'ils nommaient l'harmonie du monde ou l'harmonie universelle, ἁρμονία τοῦ παντός (1). Quant au détail de cette comparaison, « il y a, dit M. H. Martin (*Études sur le Timée*, t. II, p. 37), autant et même plus d'opinions que de commentateurs ». L'opinion le plus généralement suivie cependant était celle que Plutarque paraît adopter (*De animæ creatione*), et que nous retrouvons dans Géminus, dans Stobée, Censorin, dans Cicéron et son commentateur Macrobe, dans Pline, Boëce, G. Pachymère, etc. (2). D'après cette disposition, qui a la propriété de reproduire l'ordre des jours de la semaine par des répétitions successives de l'intervalle de quarte, comme l'explique Dion Cassius (3) (XXXVII, xviii), l'harmonie cosmique serait symbolisée par la lyre heptacorde, chacun des sons de cet instrument représentant celui qu'était censée rendre, dans les cieux, chacune des sept sphères du système planétaire ancien (4). En d'autres termes, chacune des cordes était consacrée à une planète dont elle portait le nom, de telle façon que

la Lune correspondait à l'Hypate,
Mercure . . . . à la Parhypate,
Vénus . . . . à l'Indicatrice,
le Soleil . . . . à la Mèse,
Mars . . . . à la Trite,
Jupiter . . . . à la Paranète,
Saturne . . . . à la Nète.

(1) Τῆς τοῦ παντὸς ἁρμονίας τὴν εἰκόνα φέρει [ἡ μουσική] (*Arist. Quint.*, p. 129). — Τὴν τῶν ἀστέρων κίνησιν οἱ περὶ Πυθαγόραν καὶ Ἀρχύταν καὶ Πλάτωνα, καὶ οἱ λοιποὶ τῶν ἀρχαίων φιλοσόφων οὐκ ἄνευ μουσικῆς γίνεσθαι καὶ συνεστάναι ἔφασκον (Plut. *de Musica*, ch. xliv). — On peut encore citer ici ce passage du scoliaste de Ptolémée (sur la p. 133) : Σημείωσαι ὅτι τοὺς ἀστέρας καὶ τὸν οὐρανὸν ἔμψυχα ἔλεγον Ἕλληνες : — puis les suivants : Ὑπέλαβον [οἱ πυθαγόρειοι] καὶ τὸν ὅλον οὐρανὸν ἁρμονίαν εἶναι καὶ ἀριθμόν (Arist. *Metaph.* I, v). — « Musica mundana, in his maxime perspicienda, quæ in « ipso cœlo, vel compage elementorum, vel temporum varietate visuntur » (Boëce, *De Musica*, Bâle, 1546, p. 1065). — Au surplus, il va sans dire que *cette symphonie n'était pas faite pour des oreilles humaines* : Ἡ τοῦ παντὸς ἁρμονία, διὰ μέγεθος τῶν ψόφων, ὑπερβάλλει ἡμῶν τὴν ἀκοήν (Porph., in *Ptol.*, p. 257, l. 27). — Cf. Macrob., in somn. *Scip.*, II, iv ; et Ach. Tatius, in *Arat. phænom.*, § xv et xvi.
(2) *Voyez* encore H. Martin, t. II, p. 103 ; Jomard, *Système métrique des Égyptiens*, p. 242 ; Bellermann, Ἀνωνύμου σύγγραμμα περὶ μουσικῆς, p. 90 ; Letronne, *Observations sur les représentations zodiacales* (p. 99), et *Mémoire sur les écrits et les travaux d'Eudoxe* (p. 28).
(3) Je pense qu'il faut lire, dans le passage cité de cet auteur : Διαλιπὼν δύο τὰς ἑπομένας, au lieu de : διαλ. δ. τ. ἐχομένας, puisque l'on compare ici les deux planètes intermédiaires aux sons mobiles du tétracorde, sons nommés ἑπόμενοι, par opposition aux sons fixes ou ἡγούμενοι (*V.* les *Notices des Manuscrits*, t. XVI, 2ᵉ part., p. 108, n.; et p. 253).
(4) Je m'abstiens à regret de rapporter ici plusieurs textes curieux, pour lesquels je me borne à renvoyer au Panthéon égyptien de Jablonski (*Proleg.*, p. 55 et suiv.).

On se trouva donc ainsi naturellement amené à donner aux sons musicaux les mêmes noms qui servaient à désigner les planètes : « Il est « bien croyable, dit Nicomaque (*Harm. man.*, p. 6, lig. 6), que les dé- « nominations des sons ont été tirées des astres qui parcourent le ciel « en tournant autour de la terre; » mais ce que Nicomaque juge vraisemblable pour les noms, l'est évidemment bien plus encore pour les signes. Or, ayons le courage de fouiller dans les archives des sociétés occultes du moyen âge, héritières, peut-être trop dédaignées, des rêveries pythagoriciennes; là, nous trouvons d'abord que les planètes étaient représentées par certaines lettres de l'alphabet hébreu : « Rem sane jucundam, et antiquissimis authoribus celebratam, » dit le savant Reuchlin (*De arte cabalistica*, lib. III, p. 715), « ne sint fu- « turi aliquando qui hanc artem ut tenuem ac jejunam cavillentur [de- « monstrabimus]. »

Voici ces lettres, avec leurs significations symboliques, telles que les donne *Reuchlin* (1) :

Lamed,	Mem,	Mem final,	Nun,	Nun final,	Samech,	Aïn,
ל	מ	ם	נ	ן	ס	ע
Saturne,	Jupiter,	Mars,	le Soleil,	Vénus,	Mercure,	la Lune.

Mais ce n'est pas tout : il paraît que, pour ce genre de représentation, on employait de préférence un alphabet particulier et conventionnel, dit *alphabet céleste*, dénomination provenant de ce que l'on prétendait y représenter les groupes d'étoiles les plus remarquables dont se composent les constellations. On trouve cet alphabet dans le célèbre Cornélius Agrippa de Nettesheim (*De occulta philosophia*, l. III, c. XXX, p. 273, ann. 1533), lequel, au jugement de M. de Hammer (*Mém. sur deux coffrets gnostiques*, Paris, 1832, p. 14), « paraît l'avoir puisé dans un ouvrage cabalistique semblable au re- « cueil d'*alphabets* d'Ibn-Wahschiyyeh. » On le trouve encore dans Claude Duret (*Trésor de l'histoire des langues*, p. 119, Cologne, 1613), dans Jacques Gaffarel (*Curiosités inouïes*, Paris, 1629), et dans plusieurs auteurs plus modernes qui le leur ont emprunté, tels que Kircher (*OEdipus ægyptiacus*, t. II, *Gymn. hierogl.*; class. II, *Gramm.*,

---

(1) *Voyez* aussi Jacques Gaffarel citant R. Capol ben Samuel (*Curiosités inouïes*, p. 475, Paris, 1629. — Il y a d'autres éditions françaises, de 1631, 1637, 1650, et une édition latine donnée en 1678 par Grég. Michaëlis qui avait commenté l'ouvrage en 1676). — Ce R. Capol, qui était de Cracovie, a publié, dit-on, vers la fin du XVI° siècle, un alphabet sidéral intitulé : *Galgal hamisraschim*, « Profondeur des profondeurs ».

p. 105, et class. VII, *Mathém.*, p. 217) (1), Th. Bangius (*Cœlum orientis*, Copenhague, 1657), les *Cérémonies et coutumes religieuses de tous les peuples du monde*, etc., etc. (2).

Ces préliminaires posés, nous allons présenter simultanément et comparativement, avec les signes de la notation instrumentale des pythagoriciens, *les caractères célestes des planètes*, tels que les donne F. H. S. Delaulnaye, « auteur [né à Madrid en 1739] qui avait fait, » dit son biographe (M. Weiss, *Biograph. univers.* de Michaud, t. LVI, Ier du suppl., p. 563), « une étude spéciale des sciences occultes, « et s'était livré à des recherches très-étendues sur les mystères de « l'antiquité, sur les sociétés secrètes du moyen âge, etc. » Nous trouvons ces caractères dans la planche V de son *Histoire générale et particulière des religions* (3) (Paris, Fournier, 1791), dont quelques livraisons seulement ont été publiées (elles paraissent n'avoir point été déposées à la Bibliothèque royale). Ces caractères ne diffèrent en rien de ceux donnés par Agrippa, Duret, Gaffarel, Bangius; seulement, la planche de Delaulnaye contient, en plus, un *mem final* et un *nun final* empruntés à l'hébreu carré, qui manquent dans les alphabets de ces auteurs, ce qui, soit dit en passant, serait une preuve de l'ancienneté de l'alphabet céleste (4).

(1) Je dois avertir que Kircher a toutefois confondu, dans le premier des passages cités, l'*alphabet céleste* avec un autre alphabet occulte que les kabbalistes nomment *alphabet des anges*.

(2) Il en est fait mention dans les Lettres cabalistiques du marquis d'Argens. — Cf. aussi, au sujet des alphabets occultes, le livre kabbalistique intitulé : *Sepher Raziel*; les *Ancient Alphabets* d'Ahmad ben Wahschiyyeh, publiés par M. de Hammer (Londres, 1806); une Notice de M. Silvestre de Sacy sur l'ouvrage précédent (*Magasin Encyclopédique*, 1810, t. VI, p. 145); la *Description des monuments arabes, persans et turcs du cabinet Blacas*, par M. Reinaud ; Ibn Esra, dans l'ouvrage intitulé : *Reschit hocmah*, « Le commencement de la sagesse » (Bibliothèque royale, manusc. hébr., n° 465); Picatrix (Biblioth. roy., n° 7340, ou suppl. latin 91); de Hammer, *Notice sur deux coffrets gnostiques*; Goulianoff, *Essai sur les hiéroglyphes d'Horapollon, et quelques mots sur la cabale* (Paris, 1827); enfin les manuscrits arabes de la Bibliothèque royale, n°s 1180, 1181, 1182, et 1224.

(3) Cette planche V se retrouve dans l'*Histoire de l'origine de la franche-maçonnerie* par Alexandre Lenoir qui en avait fait l'acquisition.

(4) L'analogie de cet alphabet, considéré même dans sa totalité, avec l'hébreu carré, est d'ailleurs facile à reconnaître. Quant à son emploi par les astrologues juifs antérieurs à Agrippa, nous avouons que nos recherches pour constater directement ce point important, sont, jusqu'à présent, restées à peu près infructueuses, et que nous n'avons, à cet égard, d'autres garants que les assertions d'auteurs plus modernes. Ce qui peut, toutefois, contribuer à donner un grand poids à ces assertions sur l'existence de l'*alphabet céleste* à une époque assez reculée, c'est qu'elles se trouvent confirmées par plusieurs auteurs qui ont écrit pour démontrer l'absurdité de l'usage auquel on voulait faire servir cet alphabet, je veux dire la lecture

En résumé, voici les deux systèmes de signes (*Voir* la fig. 2).

Il s'ensuivrait donc que, chez les néopythagoriciens, véritables inventeurs, ou du moins restaurateurs suivant nous, de ce système de signes musicaux, ce n'étaient plus précisément les cordes de la lyre qui se trouvaient assimilées aux sept planètes, mais bien sept différents *ternaires*, spécialement choisis parmi ceux qui composent la notation, de manière à satisfaire à plusieurs conditions remarquables que nous allons énumérer. D'abord, ces sept ternaires embrassent précisément tout le système des anciens modes rapportés par Aristide Quintilien (p. 22), à l'exception, toutefois, de la *nète dorienne*, désignée par Ͷ, note qui, comme le témoigne Plutarque, est d'invention postérieure. Ensuite, la mèse < du trope lydien, c'est-à-dire du trope fondamental de tout le système harmonique, auquel on avait l'habitude de comparer et de rapporter tous les autres tropes (1), se trouve justement comprise au nombre des trois sons affectés au soleil, conformément à ce que l'on a vu plus haut (p. 16). Puis, dix ternaires sont employés, nombre égal à celui des corps admis par les pythagoriciens pour composer le système de l'univers, savoir : les cinq planètes, le soleil et la lune, la terre et l'antichthone, et, en dixième et dernier lieu, le feu central, ou, suivant d'autres, le ciel des fixes. Une autre circonstance non moins notable est la disposition d'après laquelle les sept ternaires consacrés ainsi aux planètes sembleraient avoir été espacés à dessein comme pour simuler la disposition des nombres fondamentaux du diagramme de Platon :

$$1.2.3.4.*.8.9.*.*.27.$$

Enfin, un remarquable passage du XIVe livre de la Métaphysique

d'une prétendue écriture des étoiles. Voici, par exemple, comment s'exprime à cet égard Th. Bangius dans l'ouvrage cité (p. 135) : « Principio itaque vanam hujus
« opinionis de literis cœlestibus originem ostendimus deberi istius gentis doctoribus
« qui nugari quum incipiunt nunquam desinunt, sive cœlestia, sive terrestria trac-
« tent, pervicaci et ascita πωρώσει præpediti. Verbulo istos indigitamus : *Judæi*
« *sunt*..... Superest modo ut pari fide et industria christianos scriptores huic
« male feriatos Judæorum simios suis magistris adjungamus. In quibus primas tenet
« πολοτεχνίτης ille (tantum non quondam veneficus) priscarum LITERARUM ludio,
« HENRICUS CORNELIUS AGRIPPA (lib. III, cap. XXX), cujus hæc sunt verba atro car-
« bone digna, etc , etc. » (*V*. ci-après p. 21, la *Note* relative à l'Alphabet céleste.)
Écoutons encore Kircher (*loc. cit.*) : « Alphabetum hoc loco apponere volui,
« prout in rabbinis reperi, quod tamen nolim eam fidem mereri quam cætera alpha-
« beta sequentia quæ ex irrefragabilibus maximæ antiquitatis monumentis eruimus,
« sed eam solam quæ ex traditione probabilis redditur, quum nulla ejus huc usque
« in vetustatis monumentis vestigia reperuimus. »

(1) Tous les morceaux de musique ancienne qui nous restent, sont écrits avec les seules notes du trope lydien ou de son plagal l'hypolydien.

d'Aristote (ch. vi et dern.) semble venir, comme pour sanctionner la théorie précédente, nous découvrir le fondement de cette singulière disposition : Ἴσον τὸ διάστημα ἔντε τοῖς γράμμασιν ἀπὸ τοῦ A πρὸς τὸ Ω, καὶ ἀπὸ τοῦ βόμβυκος ἐπὶ τὴν ὀξυτάτην νεάτην ἐν αὐλοῖς, ἧς ὁ ἀριθμὸς ἴσος τῇ ὁλομελείᾳ τοῦ οὐρανοῦ, c'est-à-dire, que *l'harmonie de l'univers embrasse tout l'alphabet* d'une part, et, de l'autre, *tout le diapason des sons que nos instruments peuvent rendre*. Et nous pouvons vérifier en effet (Cf. Meyb. loc. cit.), que les huit ternaires compris entre les deux extrêmes dans la *figure* 2, embrassent justement tout l'alphabet principal des notes vocales. Ne négligeons pas d'ajouter que la fin de la Métaphysique est arguée d'interpolation, et que cette circonstance, loin de contredire notre théorie, est, au contraire, complétement en sa faveur (1).

Maintenant, il nous serait aussi facile qu'il est peu nécessaire, d'établir par un calcul, de représenter par un chiffre, l'énorme probabilité que des relations si bien coordonnées quelque bizarres qu'elles paraissent au premier coup d'œil, ne sauraient être l'effet d'un pur hasard. Mais il suffit que nous nous reportions par la pensée, à l'époque où la notation dont nous venons de faire l'analyse paraît avoir été fabriquée, en tâchant de nous pénétrer des idées qui déjà commençaient à envahir l'esprit humain. N'oublions pas, en effet, que c'est à cette époque que les rêveries pythagoriciennes reprenaient un ascendant longtemps comprimé par l'influence de la philosophie péripatéticienne, alors que la *gnose* et la *kabbale* commençaient à se faire jour au milieu du chaos de l'école d'Alexandrie. Considérons enfin que nous sommes ici au plus fort du règne de l'astrologie judiciaire et des sciences occultes (2); et alors, au lieu de voir avec étonnement les bizarreries et les puérilités que présente la notation musicale pythagoricienne, nous reconnaîtrons que, à la juger *a priori* d'après les circonstances de son origine, elle ne pouvait pas être constituée autrement qu'elle ne le fut.

(1) Et le signe ∏ du 11e ternaire, signe qui n'est pas assujetti au *pivotement* (*Voir* ci-dessus, p. 12, ainsi que la fig. 1), propriété négative qui lui est d'ailleurs commune avec le Z et le N du 7e et du 8e ternaire, cette lettre ∏, dis-je, serait-elle là comme le sceau du maître, comme le symbole de l'addition d'une huitième corde que Pythagore intercala à cette place même? Cette idée, qui n'est pas plus bizarre que le reste, nous paraît tout à fait conforme à l'esprit général du système.

(2) Il n'est pas inutile de faire remarquer ici que, dans les *Cestes* de Julius Africanus, auteur du IIIe siècle (*Veteres mathem.*, Paris, Imp. roy. 1693), on trouve (p. 279 et suiv.) les notes musicales du trope lydien employées à la composition des talismans. (Cf. une communication que j'ai faite à l'Académie des Inscriptions et Belles-Lettres, le 31 décembre 1841.)

(*Voyez* derechef les deux Mémoires de M. Letronne auxquels nous avons déjà renvoyé ci-dessus, p. 11, ainsi que les *Notices*, etc., *ibid.*, p. 125 et suiv., et p. 250 et suiv.)

NOTE RELATIVE A L'ALPHABET CÉLESTE ET A R. CHOMER.

Une note nous paraît due à Gaffarel, qui, parmi les promoteurs chrétiens de l'alphabet céleste, se distingue, dit avec raison Bangius (p. 138), « velut inter stellas luna minores. »

Gaffarel cite, à propos de cet alphabet, outre les RR. Capol et Abjudane (p. 632), un certain R. Éliahou Chomer, traducteur hébreu d'un astrologue persan nommé Hamahalzel (p. 97 et 98, 428, 632, 644, etc.), et à qui il dit (p. 644) avoir emprunté son alphabet. L'un et l'autre de ces auteurs paraissent, sauf les citations de Gaffarel, être restés complétement inconnus. Mais leur existence n'en est pas moins admise sans contestation par Wolf (*Biblioth. hébr.*); par Basnage (*Hist. des Juifs*, Rotterdam, 1716, t. II, p. 1030); par Grég. Michaëlis, traducteur latin et commentateur de Gaffarel (*Notæ in Gaffarelli curiositates*, Hambourg, 1676, p. 481); par Sorel qui, sous le nom de De l'Isle (*Des Talismans*, etc., par le S^r De l'Isle, Paris, 1636), a réfuté les *Curiosités inouïes*; par P. F. Arpe (*De prodigiosis naturæ et artis operibus*, Hambourg, 1717, p. 105; le même, *Feriæ æstivales*, 1726, p. 16); par Grotius (*Annot. ad lib. IV Regum*, cap. xx), etc., etc. L'obscurité dans laquelle les noms de ces deux auteurs sont demeurés, ne serait point, en effet, une raison valable pour se refuser entièrement à croire à leur existence. L'histoire n'offre que trop d'exemples de ce genre d'oubli, je dirai même d'ingratitude; et celui-ci serait peut-être suffisamment expliqué par l'époque où florissait ce Rabbi Chomer, quoique contemporain de Gaffarel qui le regarde comme *un des Hébreux sensés de son temps* (*Cur. in.* p. 644). « Vivant furtivement, » dit M. Arthur Beugnot faisant l'histoire des persécutions qui ont précédé le XVIe siècle (*Les Juifs d'Occident*, 3e partie, p. 246), « Vivant furtivement,
« poursuivis par les princes, proscrits par les lois, ils [les rabbins]
« avaient perdu, non-seulement toute considération, mais même tout
« état; et ce n'est pas quand un peuple est flétri par des préjugés
« outrageants... » qu'il peut songer à laisser après lui des monuments (1) littéraires.

---

(1) La superstition a pu détruire beaucoup de ces monuments; ainsi, dans le manuscrit grec 1603, les fol. 326 et 327, qui contiennent encore des signes célestes, ont été lacérés.

Quoi qu'il en soit, il est certain que Gaffarel, qui avait parcouru par ordre de Richelieu, l'Italie, la Grèce et tout le Levant, pour y recueillir des manuscrits dont il rapporta une ample moisson, était en position d'apprendre bien des choses dont la connaissance a pu périr avec lui.

Quant à accuser Gaffarel de mauvaise foi, lui, l'ami et le collaborateur de Naudé qui lui dédia sa *Bibliographie politique*, comment pourrait-on y songer? D'ailleurs, une réflexion bien simple suffit pour démontrer qu'il ne saurait y avoir lieu de concevoir ici le moindre soupçon d'imposture. L'ouvrage de Gaffarel a subi, comme on l'a vu, plusieurs réimpressions et traductions; il a été cité par plusieurs auteurs contemporains, commenté, tourné en dérision, réfuté dans toutes les formes quant aux opinions de l'auteur sur les propriétés des talismans et le langage des étoiles, absurdités auxquelles il a eu la faiblesse et le tort de croire. Mais ce n'est pas tout encore : les *Curiosités inouïes* furent censurées par la Sorbonne (en 1629), et, par suite, l'auteur obligé de se soumettre à une rétractation. Or, dans tout le cours de ces longues et nombreuses vicissitudes, pas une seule apparence de dénégation ou de doute sur l'existence de R. Chomer, cité cependant lui-même comme auteur contemporain. Et enfin (ce qui est bien plus fort), à quoi se réduit la rétractation de Gaffarel? à jurer qu'*il n'a pas avancé un mot qui ne se trouve dans les auteurs arabes et hébreux* : « Nunquam fuisse animum nisi narrandi tantum « referendique velut varie collectas ex Arabum Hebræorumque libris « opiniones. »

Je crois devoir ajouter ici que plusieurs savants israélites qui passent avec raison pour être aujourd'hui la lumière de leurs coreligionnaires, M. Zunz à Berlin, Rapoport à Prague, Reggio à Goritz, Frank, Munk, Terquem à Paris (1), ont été consultés sur l'origine de l'alphabet céleste et l'existence du rabbi Chomer; mais toutes mes démarches dans cette direction sont demeurées sans résultat.

Est-ce là, je le répète, une raison concluante pour se refuser à croire à la réalité de ce rabbin et de son introuvable manuscrit? Non, certainement. Il existe en ce genre des faits bien plus étonnants que

---

(1) Je saisis avec empressement cette occasion pour remercier les savants que je viens de citer, auxquels je dois joindre l'illustre professeur M. Étienne Quatremère, des intéressantes communications qu'ils ont bien voulu me faire, et que je regrette de ne pouvoir rapporter ici.

Une consultation que j'avais adressée à M. Luzzato, à Padoue, est restée sans réponse.

l'oubli où l'un et l'autre sont tombés. Ainsi, pour n'en citer qu'un exemple, on sait qu'un des plus profonds mathématiciens du XVII° siècle, contemporain, ami, émule de Pascal, a écrit sur la géométrie plusieurs ouvrages. Ces ouvrages, multipliés par la presse, ont fait, dans le temps, l'admiration du monde savant; ils sont cités, commentés, combattus ou défendus par plusieurs auteurs que nous avons encore entre les mains (1). Eh bien, je le demande sans espérer de réponse,

Le vrai peut quelquefois n'être pas vraisemblable,

je le demande, qui pourrait montrer aujourd'hui, dans une bibliothèque publique ou particulière, une seule page d'un seul exemplaire d'un seul des ouvrages de Desargues (2)?

Quoi qu'il en soit de tout cela, l'identité des notes instrumentales de la musique grecque et des caractères de l'Alphabet céleste n'en reste pas moins, je le pense, un fait acquis à la science, et qu'aucune négation ne saurait atteindre.

(1) Chasles, *Aperçu historique*, etc., passim.
(2) Ceci était à peine écrit lorsque M. Chasles annonçait à l'Académie des Sciences (26 mai 1845) qu'il venait de découvrir en manuscrit le *Brouillon-projet des coniques*. — *Quatre feuilles* in-folio concernant la coupe des pierres sont également retrouvées.

P. S. — *Sur l'origine du mot* ALGORISMUS OU ALGORITHMUS (*V*. ci-dessus, p. 10). — Cherchant avant tout la vérité, je me fais un devoir de signaler ici une étymologie de ce mot, proposée par M. Reinaud dans un Mémoire qu'il a lu récemment (décembre 1845) à l'Académie des Inscriptions et Belles-Lettres.

Les mots *Algorismus*, *Alkhorismus*, observe M. Reinaud, servent à désigner un écrivain arabe, surnommé *Alkharizmy* ou le *Kharizmin*, par la raison qu'il tirait son origine du *Kharizm* ; or, cet écrivain s'était occupé de la science des nombres ; et ses écrits, traduits en latin, avaient répandu en Occident la connaissance du nouveau système. Mais quel est son véritable nom? à cet égard, M. Reinaud hésite entre deux personnages.

Le premier est *Albyrouny*, auteur d'un traité d'Arithmétique, et surnommé lui-même *Alkharizmy*, lequel, non content de traduire divers traités du sanscrit en arabe, avait composé en arabe des ouvrages qui ensuite avaient été reproduits en sanscrit.

Le second est *Mohammed Ben Moussa*, écrivain également originaire du *Kharizm*, qui florissait sous le règne d'*Almamoun*, dans la première moitié du IX° siècle, et dont le traité d'algèbre, composé en général d'après les doctrines indiennes, fut de bonne heure traduit en latin.

Ajoutons, toujours d'après M. Reinaud, que les probabilités seraient en faveur du dernier, s'il est vrai, comme il semble l'être, que l'un des traités dont on a parlé ait été rédigé en l'an 328 de l'hégire (940 de J. C.) : car Albyrouny n'est venu qu'un siècle plus tard.

Librairie de Leleux.

MUSÉE DES ANTIQUITÉS ÉGYPTIENNES, avec texte explicatif, par M. Ch. Lenormant, de l'Institut. In-folio, divisé en 14 livraisons. Prix de chaque livraison, texte et planches . . . . 10 fr.
Ce magnifique ouvrage se recommande à toutes les personnes qui s'occupent d'archéologie orientale, et particulièrement aux nombreux possesseurs du grand ouvrage de la Commission d'Égypte. Toutes les planches comprises dans cette vaste collection se trouvent réduites dans le *Musée des Antiquités égyptiennes*, et le texte, joint à ces réductions, met les renseignements fournis par les auteurs de la grande description d'Égypte au niveau des progrès de la science.

ANTIQUITÉS DE LA NUBIE, ou Monuments inédits des bords du Nil, dessinés et mesurés par M. Gau, architecte. 1 vol. in-fol., planches noires et coloriées . . . . 60 fr.

ÉLITE DES MONUMENTS CÉRAMOGRAPHIQUES, matériaux pour servir à l'histoire des religions et des mœurs de l'antiquité, expliqués et commentés par MM. Th. Lenormant et de Witte. Prix de chaque livraison, texte et planches coloriées . . . . . . 6 fr. 50 c.
En noir . . . . 4 fr.
68 livraisons, que l'on peut retirer à volonté, sont en vente.

HISTOIRE ABRÉGÉE DES CHEFS DE TRIBUS, dont l'autorité fut reconnue dans les Gaules, première souche de la royauté en France, par Ed. de Genères des Roches. 1 vol. in-12 . . . . . . 1 fr.

DICTIONNAIRE ICONOGRAPHIQUE DES MONUMENTS DE L'ANTIQUITÉ CHRÉTIENNE ET DU MOYEN AGE, depuis le Bas-Empire jusqu'à la fin du XVIe siècle, indiquant l'état de l'art et de la civilisation à ces diverses époques, par L. J. Guenebault. Cet ouvrage est terminé et divisé en dix livraisons. Prix de chaque livraison . . . . 2 fr.

ÉLÉMENTS D'ARCHÉOLOGIE NATIONALE, précédés d'une Histoire de l'Art monumental chez les anciens, par le docteur L. Batissier. 1 fort volume in-12, illustré de plus de 200 vignettes imprimées dans le texte, terminé par un Dictionnaire technologique où l'on trouve la définition de tous les termes d'archéologie, et un Catalogue bibliographique de tous les ouvrages français, allemands, italiens et anglais relatifs à cette science . . . . 6 fr.

ANALYSE GRAMMATICALE
DU TEXTE DÉMOTIQUE
DU DÉCRET DE ROSETTE
PAR F. DE SAULCY
DE L'ACADÉMIE DES INSCRIPTIONS ET BELLES-LETTRES
TOME Ier in-4. Prix : 20 fr.

PATERA ETRUSCA INEDITA
ESPOSTA IN UN RAGIONAMENTO ACCADEMICO BATTISTA
DA GIO VERMIGLIOLI
in Perugia, 1811, in-4, fig. Prix : 2 fr.

REVUE ARCHÉOLOGIQUE

OU RECUEIL
DE DOCUMENTS ET DE MÉMOIRES
RELATIFS A L'ÉTUDE DES MONUMENTS ET A LA PHILOLOGIE
DE L'ANTIQUITÉ ET DU MOYEN AGE,
accompagnés de dessins d'après

Publiés par des membres de l'Académie

Prix pour Paris, un an, 25 fr.; départements, 30 fr.

ÉLÉMENTS
D'ARCHÉOLOGIE

suivis
D'UNE HISTOIRE DE L'ART
CHEZ LES ANCIENS
Par L. BATISSIER

Un fort vol. in-12 de plus de 600 pages, illustré de nombreuses vignettes
intercalées dans le texte.
Prix : 6 francs.

Des définitions exactes, des descriptions intelligentes, facilitent l'étude; ce volume
accompagné de dessins qui éclairent encore le texte, en donnant une idée exacte et fidèle
des objets dont il est question.

MUSÉE
DES ANTIQUITÉS ÉGYPTIENNES

ou
RECUEIL DE MONUMENTS ÉGYPTIENS
ARCHITECTURE, SCULPTURE, PEINTURE ET GLYPTIQUE
Avec texte explicatif
Par M. CH. LENORMANT
Membre de l'Institut

Ouvrage complet, divisé en 14 livraisons, texte et planches; chaque livraison 10 fr.

DE L'IMPRIMERIE DE CRAPELET, RUE DE VAUGIRARD.

www.ingramcontent.com/pod-product-compliance
Lightning Source LLC
Chambersburg PA
CBHW060611050426
42451CB00012B/2198